Poesia Original

TRAVESSIA POR

Travessia por

FADUL M.

Poemas

1ª edição, São Paulo, 2022

LARANJA ● ORIGINAL

"As ideias são constelações"

(*Origem do drama barroco alemão*,
de Walter Benjamin)

PÓRTICO-HORIZONTE

PRIMEIRO PASSO

A propósito de um poema de Ana Cristina Cesar

Enquanto eu leio meus olhos descobrem o antes coberto. É
[difícil
observar as letras e saber onde começa e onde termina o novo
[verso.
Chave, acesso, palavra, espelho.

Meus olhos a meio caminho do que não era.
Do outro lado, desvios e novo sentido.

Razão absoluta que o verso parte para fazer passagem.

Caminho por cadeados abertos. Depois deles, frestas que
[levam de volta a mim.
Escrevo e corrijo.

Não se pode voltar quando se olha o espelho.
A palavra que retorna não é a mesma.
A imagem no espelho não é a mesma.

RETORNO

À volta de Orides Fontela

Retorno
pelo caminho luminoso:
as pedras reais
nunca são suaves.

Retorno pela luz:
faca furtiva
excesso de mim
fere a ferida já aberta.

Retorno cego
com o que vi. É
demasiadamente claro.
Luminosidade que despedaça.

Leveza, palavra que inexiste
no texto e na face: os olhos
nus são lâminas.
Também ferem e agora sabem.

FACA

Com ela se inscreve na pele
a dor sentida.

A luz refletida na lâmina
faz ver a dor da abertura.

E com a ponta da faca, afinal, também
se pinta um pouco do rosto.

FACA-PINCEL

Ela cria tatuagem escrita sob o corpo
de linhas. Nasce assim um novo texto.

Os desenhos emergem e no ar
é desfeita a constelação de sonhos pelo corte

na pele.

PINTAR COM FACA UMA CONSTELAÇÃO

O gume tingido aqueceu a face com tinta.
Um pouco do rosto extraído com minúcia.

No brilho da faca vê-se o que é intenso:
o primeiro passo para ver a constelação.

De um lado da face foram expostas lembranças
para com elas pintar outras estrelas:

Um pouco do rosto, um pouco de mim
Um pouco da tinta, um pouco da lida
Um pouco do texto, um pouco da sombra
Um pouco da linha, um pouco da força

Um pouco de um pouco pela mão do artista.

Com sangue também se pinta um céu feito de estrelas.

NA COLINA ENSOMBREADA

A propósito do escuro sob as estrelas de Van Gogh

A colina coberta pela sombra de uma noite estrelada
A claridade não a alcança

O que fica   à frente

      é o oposto

Abaixo do céu

      nasce o contraste   aquilo

      que   não se traduz

esconde, mas insinua a forma

      Parte da realidade
                          no plano escuro
                          no quadro negro
antes das estrelas
antes de se fazer a luz

Em movimento invertido
No fundo da sombra   No topo da colina
     Há vertigem ao olhar o escuro

AS ESTRELAS MORTAS

As estrelas da terra têm outro nome
Quando apagam, recrudesce mais a escuridão dentro de mim
Quando param de acompanhar a luz, os olhos declinam
e perde-se mais que a força do brilho com a cor

Não seguem mais o destino da estrela maior:
olhar para baixo e não procurar mais o caminho
recuar o rosto e não aceder mais à luz
Indistintas da noite, as estrelas sem cor não formam linhas

As estrelas mortas deixam cair suas pétalas
As veias das folhas murchas, desamparo

Do lado de cá do campo, caules quebrados
Do lado de cá do mundo, derrelição
Do lado de cá da lida, os girassóis desbotaram-se em cinza

ANTES DA MÃO

Aproximações de "Kairós", de Orides Fontela

O toque que molha o pincel na tinta
A intensidade do mergulho que mistura as cores
O levante do pensamento antes dos olhos e da mão

O movimento perfura a realidade

QUANDO O CÉU MOSTRA O CAOS

Branco preto
Escuro estrela
Longitudinal horizontal

Coordenadas de um corpo impossível
Carta Tiro Binóculo Sagitário
Quando Câncer chega a Capricórnio tudo parece inundar

Razão cheia de afetos:
ódios, flechas, patas, corpos, voltas,
elementos, traços, distâncias do espaço,
no espaço, clareira de cores que rasgam o céu,
se há abertura do olho, o vento sopra o tempo, a terra, o
[cheiro nítido,
composto contrário desfaz o desenho com novo trajeto,
escolha, pedra, mudança, direção, cisão,
esquerda, curva, marca, Parcas.

Será o Destino a dizer sua mensagem aos seres
ou apenas a vontade de pôr-se no ar?

ESTRELAS POR BECOS NOTURNOS

À sombra de Luiz Bacellar

Quando não se sabe se as estrelas
oferecem Destino ou Desejo,
resta a dúvida como um caminho diverso.

O céu
As cifras estão entregues à sorte dos dados.
Estranhas, mostram o que não é mais redenção:
olhar para o alto é ver reflexos da terra
As mãos apontam angústias,
que movem as gentes.

O chão
Há luzes naquela cidade
Nem todas as estrelas da Terra são conhecidas.
Como as ruas daquela cidade, são trajetos partidos,
cujas bifurcações não levam a caminhos precisos.

Quando paro, observo os sonhos frustrados de hoje.
Maduro o tédio de infâncias que não se foram.
E nos becos noturnos iluminados sempre à distância
há ainda suspiros que vazam pelas frestas escuras.

ALGUMAS ESTRELAS DESTE CHÃO

DISTÂNCIA ENTRE DOIS PONTOS

MOTE DRUMMONDIANO[1]
...erguer mãos e olhos
para um céu tão longe
ou, quem sabe? para um céu vazio.

GLOSA
Há olhos melancólicos
andando neste chão,
perfazendo uma estrada
de uma forte ambição.
Ilusão insistente
que não conduz a nada
é energia gasta
pelas costas cansadas.
Então virei as asas
contra o céu, para parti-las
do corpo a que não mais pertencem.
Gênese renovada do ser:
de duas pernas firmes, sou terrestre.

---

[1] Do poema "Coisa miserável", em *Brejo das almas* (1934).

NA OUTRA RUA DIFERENTE

Na rua de Drummond estavam cortando árvores.
Nesta aqui não. As árvor-
já foram cortad-
há muito tempo.

O que resta del-
são apenas estas pág-
que já se tornam únicas aos poucos porque também não
                                        [haverá mais árvores.
Restam essas letras, que preciso escrever mais depress-
senão não terei mais como dizer o que desej-

Com aquelas árv-
foram também cort-
minhas palavr-

(Ar poluído em dias de queimadas...)

Os óculos veem agora o cimento triste abrir os braços.
Pálpebras acolhidas entre altos muros tentaculares.
Pesadas e atônitas no calor da cidade de São Paulo.

UM CHIFFONNIER E O BINÓCULO ASTRONÔMICO

QUEDA

    Uma
        estrela
            caiu
                do céu
                    de Paris...

Arrastando o pó as pedras
a fumaça o fumo as formas as forças
as placas as pragas os prédios
fragmentos de um século que não existe mais

T   U   D   O

chiffons da noite
                recolhidos à luz de uma lanterna antiga
em zigue-zague constante
            até que de repente para

A luz da vela reflete sobre o material metálico
Curioso o *chiffonnier* observa o pequeno espelho com lentes de
                                                          [vidro
Verifica examina esquadrinha pondera

cilindro prateado tripé recolhido
Curioso solta o *crochet* deitado no asfalto
Vira revira manuseia opera
descoberta de estalos e possibilidades de extensão
Inclina o corpo aproxima a cabeça abre os olhos e *vê*

"O mundo parece menor quando as estrelas são vistas com
[lentes de aumento...
"As coisas do céu não parecem tão diferentes das recolhidas no
[chão...
"As ideias que eram distantes agora à mão...

O *chiffonnier* viu que uma estrela se aproximava com velocidade
Houve tempo para segurar firme a bolsa nas costas
A coleta do antigo mundo foi mantida à sua guarda
Do novo apenas o estranho instrumento na mão

IMMMPAC   TO

Chiffonnier colecionador de estrelas

COLHEITA DE ESTRELAS CAÍDAS

Hoje
faço a colheita de estrelas caídas

Não
não conto as estrelas candentes em um breu soturno,
contrastes que iluminam e indicam caminhos a um norte

Não...

Paro
Aqui observo atenta espera
        que caiam
        que caiam
                e tombem de seus tronos antigos
        que caiam
                e desabem dos muros do castelo de prata

No chão
a colheita das esferas sem luz é recolha de vazios
        Ao menos é o que dizem os que não sabem
        apreciar o sabor dos frutos recém-maturados
Saboreio melhor do fruto no momento em que ele cai

Ah, as estrelas...

Antes
        vistas por vontades que se projetam para além
Durante

             preenchidas por sonhos anseios desejos
Após
             espessura sabor som

Mas só após tudo ter passado pela queda...
       ... poderei colher os frutos nascidos dos restos

DO RIGOR DA AMIZADE

> *Poeta sou; pai, pouco; irmão, mais.*
> Manuel Bandeira

Ao contrário de Bandeira, o Manuel,
consciente de ser, além de poeta, pouco pai e mais irmão,
não sou poeta. Ocupo este lugar difícil de esfinge.

Laços reversos que foram impostos pela força do tempo.
Do tempo? Ou das rusgas marcadas no fundo das vísceras
cortadas às custas de duras decisões da última hora deste
[presente difícil?

Abro esta caixa carregada dentro deste labirinto de esperas.
Saem dela tantas coisas cujo peso é mal compreendido
por quem não consegue olhar o passado.

Aspereza fraternal é pouco acolhida nos dias de hoje,
[confundida
com o amargor dos reveses que afastam as estrelas deste chão.
Distantes, de costas umas paras as outras, a contragostos das
[vontades.

Aqui
permaneço a olhar as pontas infindas da vida.
Reservado, em *epoché* impossível.

FÁBULA DA DESTRUIÇÃO DAS PALAVRAS

Ao redor do Anfion *de João Cabral*

– Houve um tempo em que as palavras tinham vida.
Os ossos de agora eram encobertos por carnes ávidas.
O sangue quente irrigava músculos e compunha corpos fortes.
Era o tempo de tocar as cordas das gargantas.
Os galos tecendo o céu da ante-estrela.
O canto dos animais disseminava as plantas. Árvores cresciam
ao som de Anfion. Terraços supremos erguidos no gesto mágico
da harmonia das palavras da antemanhã. Não havia sons
disformes nem ritmos imprecisos. A música das palavras
reverberava nas pedras flutuantes da futura Alexandria.
A música trazendo a promessa das páginas.
As páginas prescrevendo a história.
A história fazendo o mundo.
O mundo fazendo-se mito.
Os velhos e os novos sabiam o poder tátil das palavras.
Naquele tempo, hospitalidade, casa, amor, doença
não eram abstrações, jovem amigo. Eram saberes tatuados na pele.
Ainda pequenos, os filhos eram marcados com a tinta da vida:
rigor, carinho, aspereza. O gume afiado da palavra certa podia matar.
A pressão sobre feridas abertas destilava dores ou estancava o sangue.
Eu estive lá quando o anjo caiu sobre a torre dos livros.
O fogo derrubou muros e quebrou vidraças da grande biblioteca.
As palavras correram por todas as frestas.

ancião de Alexandria

flauta da vida

palavras de toque

a queda

Aquelas que não morreram se esconderam subterrâneas.
O fogo iluminou tudo, deixando remanescentes cegos.
A minha geração teve as retinas, as línguas e os tímpanos queimados
Sou um dos poucos que preservou os sentidos.
E salvei você para contar nossa memória.
– Hoje restam apenas nós
Resta-nos peregrinar pelo deserto de Alexandria
os corpos despojados as faces vazias
pedaços de sorrisos partidos um tempo atroz
olho no fundo deste surrão descubro a frauta antiga
Inútil mesmo se Anfion não tivesse a garganta tingida
está suja quebrada coberta de pó
ao redor dela uma pequena aranha do deserto tece seu nó
teia e ovos preparam um mundo diferente
a frauta não vibra oferece uma morada quente
– Não destruam minha casa qual os deuses fizeram com seus castelos
Meus filhotes precisam de abrigo para crescer fortes e belos
A harmonia das palavras humanas despertou a inveja dos antigos
Lutaram entre si e fizeram-se inimigos
Quem perdeu foi expulso do grande céu
Combalida fracassada a estrela rasgou o véu
Podem até tirar minha vida mas a teia de meus filhos vai ficar
Intactos protegidos e suspensos no ar
– Tendes razão, pequeno amigo.
A frauta de Anfion já teve sua história entre nós.
Fazê-la nova morada é descobrir o passado.
Contaremos agora as duas pontas da teia de nossa vida.
Lição ensinada pelas palavras de Aracne.

s sobreviventes

oz de Aracne

resposta do Ancião

SONETO DO AVESSO A JANELAS

Me ponho todas as noites à tela
do notebook com fonte viciada.
Pondero sobre inutilidades
artísticas em tempos difusos.

Madura a face extirpada de um corpo
refletindo nas retinas de quem lê.
A insensatez soa normalidade
enquanto rolam publicações de

quadros, esculturas, pedaços de
corpos que não são meus. Neste poema
não terá espaço para janelas

agudas cheias de gritos vazios.
Só para as pontas dos dedos findarem
as últimas vozes que vêm do chão.

S. EM NEGATIVO

        toda a noite
                  viciada

    em tempos difusos

Madura
    nas retinas de quem lê
A insensatez

corpo   este poema
    espaço para

        gritos
Só   dedos
        e   o chão

TOCA DE ALICE

> ...*de repente um Coelho Branco de olhos cor-de-rosa passou correndo por ela.*
> Lewis Carroll

O relógio denuncia a pressa
de olhos rosados

Tic-tac! Tic-tac!

Horas correm
pernas brancas e curtas

Tic-tac! Tic-tac!

Horas à mão

Tic-tac! Tic-tac!

– Estamos debaixo da terra
esperando pela mão da criança
que um dia fomos

OLHOS ACOMPANHANTES

Visão aprisionada

Muros obstruem estrelas
Hoje não há mais
um copo de mar
nem caravela para navegar

Os viajantes olham o escuro
e desenham fios de sangue
em constelações terrestres

Cegos de futuro
não enxergam os rastros
das próprias estrelas vivas

FANTASMAS DE ESTRELAS MORTAS

TRANSPORTE

> *digamos que é hora de começar a escrever "as memórias".*
> *imaginárias memórias boreais. tudo tão antigamente*
> *sugestivo. imaginá-las auroras.*
> (fragmento de "Carta de despedida" de Ana Cristina Cesar)

sento à cadeira e digito
dizer que escrevo talvez já seja arcaísmo
em pleno século XXI
mas há tantas coisas de séculos passados
que habitam este século
gravidez moribunda daqueles homens
que trouxeram impactos e extremos
para quando eu nascesse
poderia falar de como minhas memórias
se misturam com as memórias deste país
prefiro não falar sobre nada disso
é tudo muito pesado
gestação que faço
este século
para o século que vem

QUANDO NÃO ÉS MAIS TEU NOME

A propósito da deidade em Rainer Maria Rilke
(no poema nº 9, "Primeiro Livro", *Livro de Horas*)

Ler os sinais deste mundo nas mãos que escrevem
é ver no horizonte linhas-vidas trançadas
nas mãos quentes da sabedoria.
Tudo sabem. Tudo veem os olhos calmos,
que se abrem ao precipício.

Teus são esses olhos quietos,
que não se enchem de lágrimas depois da primeira morte.
Teus são esses olhos baixos,
que ponderam sobre as Horas das histórias de vidas
que por ti esperam,
que por ti veneram.

Entretanto, não são tuas essas vozes roucas, graves
depois da primeira partida. Nem aquelas cujas
formas breves agora apenas enunciam
a lembrança do que foi teu nome.
Ruína de ontem num presente
que hoje também
não és mais tu.

DISCURSO SOBRE UMA CASA ABANDONADA OU SOBRE O LUGAR QUE NOS HABITA

Aproximações de Noite de São João, *de Natália Agra*

Existe muito naquela casa
Um sofá velho, um espelho opaco
Uma mesa de centro com marcas de pés
O tapete continua no mesmo lugar
As cortinas não foram trocadas desde o natal passado
O vaso das plantas que ficava abaixo da janela
não é mais esconderijo de brinquedos
Uma mesa, três cadeiras
A quarta estava quebrada,
encostada na parede de um branco acinzentado
A luz que invade a sala faz imensa claridade
Dos cômodos gastos derivam lembranças que entalam
a garganta com um choro antigo que ainda não silenciou
Entro no meu velho quarto de infância
Sou visitado por efígies imprecisas,
sentinelas sem castelos para guardar
Pelas frestas de elmos vazios saem palavras do tempo
que não cessa, que não cansa, que não arrefece suas forças

AQUELAS SÃO AS FACES

Reconheço-as
Agora não estou mais sozinho
Habitam nesta cripta aqueles que em mim encontraram eco

DA RESPIRAÇÃO NO INÍCIO DO SÉCULO XXI

Rádio ligado
Ouço um tango argentino
Semáforo vermelho
Espera

Innnspire
              Exxxpire
      Innnspire

Pressa
Sinal verde
Aceleração
Esquerda
            Direita
      Desvio

Semáforo novamente!
Im pa ci ên cia
Amarelo de profunda demora

A n s i e d a d e
Palavras do médico
Innsp-
            Ex-pir
      Innsp-
Mas ela não tinha mais ar

Intubação / engavetamento

Duas partidas
Hospital sem leitos
Carro-impacto

ESCRITOS NATALINOS

A propósito de "Réquiem", de Astrid Cabral

No fim daquelas tardes,
num dia chuvoso, ensombreado de nuvens,
sempre ouve aquela marca do tempo nas pegadas na terra.

No fim daquela tarde,
num dia claro, raiando o céu negro com estrelas,
sempre houve aquele lápis de ponta 0.9,
capaz de traduzir em palavra minha incapacidade de dizer.

No fim desta tarde, de novo escrevo.
Hoje, porém, resta apenas a árvore de natal:
a parte que não foi enterrada junto às rusgas familiares,
a parte de um tronco enrugado.
O coração de ontem é cinza feito chumbo
e as raízes de ontem já estão secas
sem lágrimas antigas.

CARTOGRAFIA DO VAZIO

Novamente olhar
para o céu desta rua
Tomar notas
Ligar pontos
Fazer desenhos imaginários
Um mapa se abre em minha cabeça
lugares desapareceram
as ruas mudaram de nome
mendigos não estão mais na avenida
"Era pra fazer homenagem", disseram
sobre as placas com nomes próprios
Permanecem as ausências e meus instrumentos
este poema
cartografia impossível

POEMA ESCRITO COM UM PAR DE SÉCULOS

Palavras nestas teclas
endereçamento ao passado
o meu século XXI
com resquícios do XX

30 de fevereiro de 1964
tenho apenas a minha janela
pequeno espaço por onde a luz me toca e me faz respirar
um cheiro diferente do hálito podre dos homens
com cabos elétricos no café da manhã
quando entrarem por aquela porta
tudo começará outra vez
a eletricidade corre pelos meus ossos
exigem sinapses mais rápidas
respostas que eu não tenho
uma luta

Clima fechado
tempo de máscaras
respirar difícil
março de 2020
estados de sítio

30 de fevereiro de 1965
Não vejo minha família
desde a chegada dos uniformes
As técnicas de extração de verdades
tornaram-se sofisticadas
Meus ossos gastos o sabem

Notícias de jornal:
falta oxigênio ao pulmão do mundo
prescrições produções despachos
container cloroquina
e revolta da vacina

30 de fevereiro de 1966
Somos apenas marionetes à espera de uma ordem
Antigas forças estão em toda parte
Tentáculos invisíveis

Historiadores das Lives:
Stories e o balanço
do tempo em matérias virtuais
Concretude sentida
atravessando telas
e fazendo arder os olhos

ECLIPSE

> *o eclipse iguala todas as faces*
> (*Sol dos cegos*, de Francisco Alvim)

Os cegos viajantes no ônibus não estão mais entre nós.
"Foram atropelados no dia do eclipse", disseram.
Contaram que o motorista ficou cego
com a interposição dos astros.
Uma cegueira elétrica, "um apagão",
e toda a cidade deixou de se ver por alguns minutos.
Na delegacia, o acusado respondeu aos prantos:
"Eu não vi eles doutor! Não enxerguei eles! Foi um acidente!"
Em nota oficial: "A polícia continuará investigando o assunto"
"É verdade que, sem luz, não se podia ver"
Outros acidentes também aconteceram naquele dia.
      Pessoas eclipsadas
            a menina com seu cachorro
            o policial de trânsito na calçada
            o executivo no último andar
            o enfermeiro na ambulância
            o juiz com seu motorista
                a cidade inteira
                coberta pela própria cegueira

NAUTA SEM NAVEGAÇÃO

O passado ecoa em agoras
dilata sua forma e aprofunda a vibração das horas.
Invento um novo mar para fugir do antigo.
Ilusão encontrada. Caminho partido.
A cabeça de Teseu está decepada no convés
e sobre a praia ainda há marcas de meus pés.
A corda do naufrágio ainda aperta meus braços.
Sufoca minhas palavras, interrompe meus passos.
Em voz aguda a Sereia me chama para o mar.
Lá, melhor, poderia respirar.
Vou em direção ao escuro profundo.
Sem mapa, sem navegação, sem mundo.
Apenas essa voz brilha na minha própria areia.
Refugo de mim em onda e clareira.

HIERÓGLIFOS EM GRAVITAÇÃO

A FOGUEIRA DESTA NOITE

> *Cansei-me da farsa.*
> *Fiz uma fogueira, joguei*
> *a esperança dentro dela*
> *e arregalei os olhos*
> (*Ponto de cruz*, de Astrid Cabral)

> *todos ao redor desta fogueira*
> *buscam o calor do esquecimento*
> (*Noite de São João*, de Natália Agra)

Duas são as chamas que alimentam o fogo desta noite

Advindas de tempos distintos
as bruxas preparam o rito de seus mortos
Aproximam-se do fogo os dedos secos
sem manchas de sangue limpo o chão

em brasas
não estão mais os corpos
        queimados
não estão mais os cabelos
        partidos
não estão mais os corações
        esfolados

Resta neste momento a dança ao redor da fogueira
pedaços de madeira estilhaçada
estalar alto todos podem ouvir
o som hipnotiza e explode labaredas ascendentes

A fogueira é convite
olhos brilham crianças encantadas!
Desejosos de se aquecer deverão manter a chama acesa e alta

– Precisamos de mais fogo! Tragam mais madeira!
– Tragam o que têm para queimar!
– Somente a altura garante a visão!

O fogo atrai anseios
Estar ali é ver da altura em corda bamba
o próprio ser se dividir e caminhar sozinho em direção ao lume

O calor das bruxas dá-nos a ver
Devora-nos primeiro a vertigem
E continuamos a brilhar dentro de nossa noite fria

DANÇA DAS FACES

Dança comigo, leitor!
atento aos passos
e ao trançar dos pés

só cuidado!
sem jeito, tu podes
me machucar

não sabes ler meus passos
segura com teus olhos o movimento
que faço com o corpo

meus pés encenam
o coreográfico poema
que prepararei para ti

uh! quebraste minha
unha com esse pé ligeiro
e furtivo

agora estou manco mas
não deixo de te acompanhar
em ritmo torto

sincronizados

PARALISIA E IMPASSE

Busco palavras no dicionário
Quero escrever minha própria constelação
Há mais sentidos perdidos menos encontrados
impotência recrudesce
Angústia magoada estourando
pelas veias das minhas mãos
Dedos firmes contenção segurar estrelas
grafadas no papel
Refletem nos olhos explosões
Raciocínio em cortes
Pedaços de luzes
na beira das páginas e da pele

ELABORAÇÕES SOBRE O FOGO OU COMO INCENDIAR O CÉU DO CHÃO

Um incêndio arrebata os intensos
sons e cores excedem toda a visão
Cega-os com a clareza de conhecer
o centro das estrelas que caminham bípedes
autônomas seguras de sua força
na clareza obscura nunca deixarão de existir
essas estrelas desvairadas vieram das profundezas
de si mesmas dos núcleos vulcânicos da matéria
o *big bang* no início dos tempos
hoje incendeiam o mundo
refletem o mapa
camïnho do antigo céu

NATUREZA-MORTA

Ao redor de Caravaggio

Sobre a mesa estão as frutas da semana
Um mamão um cacho de bananas e uma maçã ao meio
A banalidade dos frutos carrega o traço traiçoeiro da
                                    [hereditariedade
O sol entra pela janela e toca a cesta de frutas
Ouvem-se quase imperceptíveis os estalos na madeira
Sístole e diástole ritmadas seguem o compasso luminoso
Do coração vermelho daquela maçã irradiam os fungos
O sangue cinzento tinge o amarelado das bananas
O mamão rubro libera a tinta negra
E a mesa é coberta pelo hálito podre da bruma

O CESTO

> *Terás assim um cesto*
> *que aos olhos de quem vê*
> *é um cesto só teu,*
> *onde escondeste as coisas*
> *do costume dos cestos: flores, solidões,*
> *rastilhos, bombas.*
> (Vozes, de Ana Luísa Amaral)

Toma o cesto da mesa de frutas
Recolhe os fungos de coisas tuas
Deposita todo o mofo junto aos morangos
Assim terás um cesto todo só teu
Nova caixa de Pandora
E nunca o abra na frente de ninguém
Mas a cada dia toma uma das frutas podres
e come-a lentamente
saboreando o brilho da desdita
porque ela reacenderá a fogueira que há em ti

VAZIO CANDENTE

O corte
  O vazio
    Rasgadura criação

      O silêncio
        O espaço
          Fricção apresentação

        O traço
         O gesto
           branco de Mira Schendel

          "Sem título", 1964
         Com Nome
          Prato vazio
          Com Fome

          Ausência é estar com

          Queda candente
          Nesta página

          Seja corte

FLOR-SOL

O brilho quente irradia como espinho

porque existe um sol que desabrocha em nós

CALOR

O calor
presença do fogo
audível na pele no toque
na ausência do frio desta noite
quando contamos histórias
de tempos antigos e terras de além
presença de mortos redivivos nos estalos
da madeira e das aranhas que explodem luminosas
em suas casas desprevenidas com o fogo naquele quintal

CINZAS E VAGALUMES

Voam pequenos vagalumes
sobre as brasas da fogueira e as cinzas de ontem
Parecem novas constelações
Hieróglifos de lampejo
Decifro estrelas que bailam no ar

ESPECTROS DE PEDRA

ESCAVAÇÃO

> *Quem pretende se aproximar do próprio passado*
> *soterrado deve agir como um homem que escava.*
> (Walter Benjamin)

Arqueologicamente
tomo minha pá de livros
mapas lápis colheres pincéis
facas borrachas trapos tintas
picaretas canetas peneiras papéis
Descubro traços de antigas linhas
camadas iconografias relíquias
Tudo escapa à ordem conhecida
Rasuras nomeadas provisoriamente de História
Neste poema nasce o *Ensaio dos restos*
Mundo abandonado pelos deuses do passado
Apenas horizonte e especulação?

PÁ CONTRA TERRA

Cavar cavar cavar
Espera, leitor
Devagar eu desço até os infernos
Mas devagar!
A pá de tempo que tenho é muito pequena
e mal cabe neste poema
Não posso fazer milagres em desertos onde não existem
[demônios
para uma alma tentar!

ARQUEOLOGIA DAS SOMBRAS DE ZENÓBIA

À descoberta do Oriente de Astrid Cabral

Abro um livro
onde poemas levam a histórias antigas
e a ruas de um Oriente à beira do Mediterrâneo

Zenóbia
augusta rainha
é moeda valiosa
é ruína presente
é fantasma passando
é avanço sobre as páginas
contra Kronos e suas várias faces

VER ESCOMBROS

> *todo monumento é escombro –*
> *já foi dito e cantado.*
> (*Cinelândia*, de Leila Danziger)

O chão quadriculado
alterna suas cores em preto e branco
Há flores de papel crepom cobrindo-o
com tons de vermelho que se misturam
ao sangue do mendigo e aos cartazes de papelão

RUÍNA EM ECOS

as estátuas daquela praça
denunciam a vida que nos antecede

as crianças perguntam por que lhes faltam braços
ou cabeças naqueles símbolos do passado

o olhar curioso descobre: o mais fascinante
daquelas estátuas são as partes ausentes

dos vazios saem as vozes
penetram ouvidos
reverberam na garganta
nas palavras deste poema

em eco

ECOS DE UMA CAIXINHA DE MÚSICA

> *o som do teu silêncio ainda me espanta*
> (*Noite de São João*, de Natália Agra)

Preenchida de aguda ausência
esta velha caixinha de música
Sirene indomável
Ecos eternos
O passado faz volteios
a pequena bailarina girando dentro de mim

RUMINAÇÕES AFETIVAS

> *Meu coração é um assaltante*
> *Rouba tudo para si e a tudo rumina lentamente –*
> (Outra vez *Sol dos cegos*,
> outra vez Francisco Alvim)

Esse boi é difícil de enlaçar
Devora tudo que encontra
    mastiga mastiga mastiga
    não para de mastigar
Eta, coração!
    só sabe velharias regurgitar
Tamanha crueldade essa de tirar o brinquedo novo
de uma criança velha
e devolvê-la o passado
    bonecos sem cabeça
    carrinhos sem rodas
    e heróis sem capas voadoras

CONSTRUÇÕES

Este poema é feito
de força aplicada à beira
da manhã
Tentativa de captar
as construções antigas
salvá-las pela memória
e agora pela escrita que o verso
recusa deixar morrer

ANGELUS NOVUS

Klee renovado pela pena de Benjamin
Ruínas fulgurantes no calor das almas
Rútilos espectros vibram nas pedras deste chão
Segue, leitor, esta travessia por minha constelação

PEDRA SOBRE PEDRA

                                as estrelas
                             de volta para
                            com escadarias
                        caminhos de sonho
                    construirei
                pedra
            sobre
        pedra
com

ESFERAS ESPECTRAIS

APRENDIZADO NA MESA DE BILHAR

Enquanto tomo uma cerveja no bar
ouço estalos de esferas que se encontram
indo e vindo a cada tacada

Mira concentração impulso contato
A partir daí cada uma daquelas numerações
desloca-se de um lado para o outro

"É a sua vez de jogar! Anda!"

Nervoso
Pego o taco com as duas mãos
Reproduzo o gesto do outro jogador
para alcançar a tacada precisa
no fundo estou esperando a sorte
a próxima vez
As bolas maciças novamente rolam
Valores e regras do jogo
têm grandezas em suas cores
astros desalinhados pelas minhas mãos
Centrífugas
As esferas pesadas se encontram
promovendo choques estalos cada vez mais altos
Vejo encontros gerando brilhos
astros iluminam seres

Quando se cruzam... *Match!*
Então correm para a mesma caçapa

encontros momentâneos
seguidos de desencontros duradouros
O fim desse trajeto... só quando o jogo acaba
o choque entre os astros é tão intenso que não restam mais
esferas autômatas
o vácuo verde da mesa

Alguém me sacode na mesa do bar
E agora? José me diz que vai fechar e que não posso ficar ali
Pego minha carteira
Pago minha bebida
Minha camisa branca está manchada de cerveja
Lá fora a noite é fria
Sou obrigado a vestir meu paletó preto
E sigo cambaleando até o próximo estalo

NO INTERIOR DA BIBLIOTECA

A propósito da biblioteca de Jorge Luis Borges

Arco-marco
inauguração do mundo
triunfo do arco infinito
Navegar por livros e por além-livros

PENSAMENTOS QUE CAMINHAM EM CÍRCULOS

> *Minha memória cheia de palavras*
> *meus pensamentos procurando fantasmas*
> *meus pesadelos atrasados de muitas noites.*
> (Pedra do sono, de João Cabral de Melo Neto)

As noites em que eu não durmo são as mais agitadas de minha vida. Meus pensamentos caminham procurando por palavras exatas, embora impossíveis. Sempre perdem o ônibus da meia-noite e permanecem à espera do embarque para o próximo sono. O problema é que de madrugada não há ônibus. O próximo só chegará pela manhã. Até lá, existem apenas mendigos e fantasmas indivisos nas ruas. Rondam em si mesmos em círculos concêntricos, combinando-se em espirais. Meus pensamentos caminham em torno de si mesmos até que se aproximam diante do espelho convexo da noite escura do meu quarto. Maiores, mais espessos, mais fantasmagóricos dentro da agonia. Meus pensamentos caminham rodeando-me rodeando-me rodeando-me dentro de mim. Meus pensamentos caminham assim, à procura daquilo que está no mais fundo do meu sono que nunca vem. Meus pensamentos caminham e olham para as estrelas naquele espelho. Sempre aquele espelho, próximo à janela, onde restam os pequenos laivos do brilho do que foi o céu.

BAILE DE MÁSCARAS

1ª máscara
o pastor e suas ovelhas
o campo e a flauta antiga
o calor ácido de um verão
nada ameno penetra a lã
e devora a carne

2ª máscara
a lira descida aos infernos
traz a melodia
acorda os vulcões
agita os mares
o tectonismo de Orfeu
quem o olhar de frente
será agraciado com o olhar assassino

3ª máscara
tirei a máscara e tornei a pô-la
disse uma vez certo poeta
assim Ele seria a máscara
a máscara de nós depreende
o ser a fome a sorte a cobiça

4ª máscara
corta afia recobre desenha
as faces da máscara o são
antes mesmo da autonomia
da representação

resta a transfiguração
do alvo eterno
da face

CORTES SOBRE A FORMA

Furar puxar descascar
pele aberta mão fria
corpo quente pulso latejante
Sem sangue não há
circularidade conexão encruzilhada
sistema ausente no poema
Cortar rasgar descamar
Óculos exames avaliações
Poema acéfalo ramificações
espirais perdidas em pontos
acêntricos

O TEMPO É A BAGAGEM DO VIAJANTE

Pesada opaca áspera esfera
carregada por Funes nas noites largas
de sua caminhada

Iluminados transparentes leves contornos
de anéis de sabão cujo brilho espelha a imagem
calcada de ontens

Formas fugazes extraídas do Palácio da Memória
e plantadas nas tábuas de cera à espera
de quem saiba as ler

GEOGRAFIA DESCOBERTA

Espaço demarcado
no mapa de estrelas
continentes países
regiões remotas
povoadas pelas
palavras deste poema
reflexo da tua retina
gravado em ti

ROSA DOS ESPECTROS

Não se escreve um poema
com bússola ou rosa dos ventos
Debruça-se sobre ele
Revira-se sobre ele
Segue-se apenas o caminho
dos espectros no interior das
palavras rutilantes até a beira
do abismo e da vertigem

DE VOLTA À LÂMINA

Regressar é preciso
Viver não é preciso

O sangue coagulado
A carne fechada
A cicatriz marcada

Pressinto
o fim da travessia

O segredo da constelação
estará completo na ponta
da lâmina de quem saiba
perfurar a própria pele

DO LAÇO QUE SE ESTENDE

E quando eu acabo de ler meus olhos não retornam mais a mim
Mesmo fechados os olhos podem outra vez ver o poema
O poema escrito sem luzes

Há um som rouco de vontades que a tinta permite grafar

Avesso contraste
O poema é escrito com estrelas negras no céu branco da folha
As linhas escuras passam de um astro para outro
São as arestas cortando o branco
para escrever
em preto
uma nova constelação

Posfácio

A constelação negativa de Fadul M.

Nicollas Ranieri

Sergio Paulo Rouanet, no texto que apresenta a sua tradução de *Origem do drama barroco alemão*, de Walter Benjamin, faz uma indicação preciosa para os que pretendem atravessar a enigmática tese rejeitada pela Universidade Frankfurt: "Benjamin quer ser lido como um mosaico, mas até certo ponto esse mosaico tem de ser construído pelo leitor".[1] Com isso, Rouanet nos diz não apenas da estrutura da argumentação benjaminiana, mas também do modelo de pensamento que está em jogo no autor alemão. O que sobressai aí é justamente uma vocação relacional. O exercício de reorganizar os fragmentos em uma combinação capaz de atrair o olhar. Em larga medida, é a figura do mosaico que introduz o texto de Benjamin no qual vamos encontrar o trecho escolhido por Fadul M. como epígrafe para a

---

1 ROUANET, Sergio Paulo. Apresentação. In: BENJAMIN, Walter. *Origem do drama barroco alemão*. Tradução Sergio Paulo Rouanet. São Paulo: Editora Brasiliense, 1984, p. 22.

sua estreia na poesia: "As ideias são constelações". Também as constelações se relacionam com o nosso esforço de combinar pontos (brilhos) para formar um todo. Trata-se, afinal, de reorganizar o céu, fazer o seu mapa. Em *Travessia por*, o poeta é cartógrafo, astrônomo e arqueólogo. O outro termo presente na epígrafe (ideia), no entanto, não é menos relevante para a entrada neste conjunto de poemas. Apesar da famigerada citação de Mallarmé (a poesia é feita de palavras e não de ideias), que, na verdade, procurava colocar ênfase no artesanato poético e na vocação da poesia para suscitar relações, há aqui uma dimensão da ordem do pensamento – conceitual, se quisermos – que não pode ser ignorada. Neste ponto, também não será impertinente a lembrança do mesmo Benjamin, para quem a "ideia é algo de linguístico, é o elemento simbólico presente na essência da palavra".[2]

Esse périplo da consciência se entreabre já no roteiro proposto pelas partes que compõem o livro: *Pórtico-horizonte*; *Algumas estrelas deste chão*; *Fantasmas de estrelas mortas*; *Hieróglifos em gravitação*; *Espectros de pedra*; *Esferas espectrais*. Se o que está em jogo é uma travessia, uma viagem, então será lícito admitir cada uma dessas partes como um porto, uma parada. Trata-se, de certo modo, de um livro composto de vários livros. Não obstante, essa reunião resulta em uma arquitetura coerente. Uma constelação formada por obsessões que são rearticuladas em cada poema. Em mais de um momento, os poemas revelam que a travessia sugerida pelo título não é apenas a que envolve o encontro de um lugar novo, mas é sobretudo a do regresso ("Regressar é preciso"). E já no primeiro poema ("Primeiro passo"), somos avisados de que o retorno não pode se dar de forma plena ou idêntica

---

2 BENJAMIN, Walter. *Origem do drama barroco alemão*. Tradução Sergio Paulo Rouanet. São Paulo: Editora Brasiliense, 1984, p. 58-59.

("Não se pode voltar quando se olha o espelho./ A palavra que retorna não é a mesma./ A imagem no espelho não é a mesma."). Daí a pertinência do título suspensivo do livro. Atravessar tem mais de um sentido. Além disso, ao seu modo, o termo recupera outras tantas figuras do conjunto, como a faca, que, em sua relação com a pele e com o rosto, é um desdobramento da constelação ou ainda um instrumento capaz de fabricá-la. Estamos diante de uma poesia autoconsciente, que sabe que o caminho do poema é sinuoso: envolve idas e vindas, recuos, bifurcações, enganos e, principalmente, desvios.

Em um texto como "Poema escrito com um par de séculos", por exemplo, o poeta propõe a travessia em um outro plano ao apresentar uma relação tensa entre momentos históricos distintos. "Falta oxigênio ao pulmão do mundo", diz o sujeito do poema. Não por acaso, em *Asfixia*, o filósofo italiano Franco Berardi elege a "respiração" como o tópico que ajuda a situar "o caos contemporâneo".[3] No poema de Fadul M., duas décadas se atritam, se contaminam e se endereçam: os anos 60 do século XX e o início da segunda década do século XXI. Os versos elaboram, entre disjunção e conjunção, o encontro de políticas que produziram tortura e morte. Como em "Transporte", a história e o tempo ocupam um papel fundamental porque encarnam uma demanda: é preciso lidar com "tantas coisas de séculos passados/ que habitam este século".

A dinâmica intertextual operada por Fadul M. merece atenção. Ela não se ocupa de homenagens, repertórios pré-fabricados ou mostras de erudição. O poeta se solidariza com outros em um intenso gesto de leitura (no sentido ativo da palavra): retoma passagens e questões para produzir diferenças e recontextualizar

---

3 BERARDI, Franco. *Asfixia: capitalismo financeiro e a insurreição da linguagem*. Tradução Humberto do Amaral. São Paulo: Ubu Editora, 2020, p. 137.

o que foi lido. De modo geral, essa leitura ganha corpo na forma da resposta. Não raramente, quando se lê os poemas de Fadul M., fica a impressão de que eles se dirigem a outros poetas e objetos da cultura para tomar partido, ainda que isso não esteja explicitamente marcado pela situação discursiva. O poeta recorre a nomes estabelecidos da tradição poética brasileira (Manuel Bandeira e João Cabral de Melo Neto), retoma a convivência com os poetas constantes de sua pesquisa acadêmica (Astrid Cabral e Luiz Bacellar), dialoga com autores que ficaram identificados com o momento da "pós-vanguarda" (Francisco Alvim, Ana Cristina Cesar e Orides Fontela) e convoca nomes da poesia brasileira mais contemporânea (Natália Agra e Leila Danziger). O que está em jogo, portanto, é um recorte particular que se torna possível a partir de uma constelação crítica. É certo que as circunstâncias de um processo de escrita não bastam para decifrar a lógica interna de uma determinada obra literária. O fato, porém, de que o autor, durante a escrita dos poemas, produziu uma tese de doutorado discutindo exaustivamente questões como a viagem e o deslocamento deve interessar ao leitor destes poemas, quando menos por um certo sentimento de familiaridade. Mas há um motivo mais fundamental para tanto: o poeta não dispensa o vínculo entre poesia e crítica. Afinal, esse vínculo, tantas vezes ambíguo, complexo e contraditório ao longo da história da leitura, é, de qualquer modo, imprescindível para o alargamento das possibilidades da própria poesia.

Como nos lembra Giorgio Agamben em *Estâncias*, a palavra crítica e a palavra poética se identificam por meio da negatividade.[4] Nesse sentido, o filósofo, em sua "topologia do irreal",[5]

---

4 AGAMBEN, Giorgio. *Estâncias: a palavra e o fantasma na cultura ocidental*. Tradução Selvino José Assmann. Belo Horizonte: Editora UFMG, 2012, p. 10.
5 Ibid., p. 15.

propõe a linguagem poética como uma apropriação do inapropriável. Nesse estudo do "fantasma", mais uma das obsessões que percorrem a poesia de Fadul M., podemos encontrar uma pista do tipo de compromisso que *Travessia por* assume. Em alguma medida, ela pode ser melhor configurada a partir do poema "Cartografia do vazio", uma espécie de síntese das imagens articuladas pelo livro. Nele, a observação do céu é logo interrompida por gestos: "Tomar notas/ Ligar pontos/ Fazer desenhos imaginários". As constelações não se bastam no céu. E o poema se vê como "cartografia impossível". Dessa forma, o enigma da constelação encontra no último poema do livro ("Do laço que se estende") a sua cifra: a constelação própria da poesia é uma constelação negativa ("o poema escrito sem luzes"). Trata-se aqui da consciência de sua configuração tradicional: a inscrição das letras na página branca ou, de acordo com a letra do texto: "O poema é escrito com estrelas negras no céu branco da folha". Mas é negativa também porque incorpora o corte, a lâmina, como nos lembra o poema imediatamente anterior ("De volta à lâmina"): "O segredo da constelação/ estará completo na ponta/ da lâmina de quem saiba perfurar a própria pele". O poema é o negativo do céu, sua contraparte. Os cortes, o trânsito, o movimento de "um astro para outro" buscam uma "nova constelação": constelação inscrita no corpo.

Índice

PÓRTICO-HORIZONTE 9

    Primeiro passo 11
    Retorno 12
    Faca 13
    Faca-pincel 14
    Pintar com faca uma constelação 15
    Na colina ensombreada 16
    As estrelas mortas 17
    Antes da mão 18
    Quando o céu mostra o caos 19
    Estrelas por becos noturnos 20

ALGUMAS ESTRELAS DESTE CHÃO 21

    Distância entre dois pontos 23
    Na outra rua diferente 24
    Um chiffonnier e o binóculo astronômico 25
    Colheita de estrelas caídas 27
    Do rigor da amizade 29
    Fábula da destruição das palavras 30
    Soneto do avesso a janelas 34
    S. em negativo 35
    Toca de Alice 36
    Olhos acompanhantes 37

FANTASMAS DE ESTRELAS MORTAS 39

    Transporte 41
    Quando não és mais teu nome 42
    Discurso sobre uma casa abandonada ou
        Sobre o lugar que nos habita 43
    Aquelas são as faces 44
    Da respiração no início do século XXI 45
    Escritos natalinos 47
    Cartografia do vazio 48
    Poema escrito com um par de séculos 49
    Eclipse 51
    Nauta sem navegação 52

HIERÓGLIFOS EM GRAVITAÇÃO 53
   A fogueira desta noite 55
   Dança das faces 57
   Paralisia e impasse 58
   Elaborações sobre o fogo ou Como incendiar o céu do chão 59
   Natureza-morta 60
   O cesto 61
   Vazio candente 62
   Flor-sol 63
   Calor 64
   Cinzas e vagalumes 65

ESPECTROS DE PEDRA 67
   Escavação 69
   Pá contra terra 70
   Arqueologia das sombras de Zenóbia 71
   Ver escombros 72
   Ruína em ecos 73
   Ecos de uma caixinha de música 74
   Ruminações afetivas 75
   Construções 76
   Angelus Novus 77
   Pedra sobre pedra 78

ESFERAS ESPECTRAIS 79
   Aprendizado na mesa de bilhar 81
   No interior da biblioteca 83
   Pensamentos que caminham em círculos 84
   Baile de máscaras 85
   Cortes sobre a forma 87
   O tempo é a bagagem do viajante 88
   Geografia descoberta 89
   Rosa dos espectros 90
   De volta à lâmina 91
   Do laço que se estende 92

Posfácio / *Nicollas Ranieri* 95

COLEÇÃO POESIA ORIGINAL

Quadripartida PATRÍCIA PINHEIRO
couraça DIRCEU VILLA
Casca fina Casca grossa LILIAN ESCOREL
Cartografia do abismo RONALDO CAGIANO
Tangente do cobre ALEXANDRE PILATI
Acontece no corpo DANIELA ATHUIL
Quadripartida (2ª ed.) PATRÍCIA PINHEIRO
na carcaça da cigarra TATIANA ESKENAZI
asfalto DIANA JUNKES
Na extrema curva JOSÉ EDUARDO MENDONÇA
ciência nova DIRCEU VILLA
eu falo ALICE QUEIROZ
Sob o sono dos séculos MÁRCIO KETNER SGUASSÁBIA
Tópicos para colóquios íntimos SIDNEI XAVIER DOS SANTOS
Caminhos de argila MÁRCIO AHIMSA

© 2022 Fadul M.
Todos os direitos desta edição reservados à Laranja Original.

www.laranjaoriginal.com.br

Edição   Filipe Moreau
Projeto gráfico   Marcelo Girard
Produção executiva Bruna Lima
Diagramação   IMG3

Dados Internacionais de Catalogação na Publicação (CIP)
(Câmara Brasileira do Livro, SP, Brasil)

M., Fadul
　　Travessia por / Fadul M. -- 1. ed. -- São Paulo :
Laranja Original, 2022. -- (Coleção poesia original)

　　ISBN 978-65-86042-57-3

　　1. Poesia brasileira I. Título. II. Série.

22-128790   CDD-B869.1

Índices para catálogo sistemático:
1. Poesia : Literatura brasileira B869.1
Cibele Maria Dias - Bibliotecária - CRB-8/9427

Laranja Original Editora e Produtora Eireli
Rua Capote Valente, 1198
05409-003 São Paulo SP
Tel. 11 3062-3040
contato@laranjaoriginal.com.br

Papel Pólen Bold 90 g/m²/ *Impressão* Psi7/Book 7/ *Tiragem* 200 exemplares